ⓒ류종승

옥상훈

아배 생각

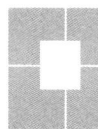

애지시선 020
아배 생각

2008년 5월 18일 초판 1쇄 발행
2019년 5월 10일 초판 7쇄 발행

지은이 안상학
펴낸이 윤영진
기 획 유용주 박수연 한창훈 이정록
편 집 함순례
디자인 함광일 이경훈
홍 보 한천규
펴낸곳 도서출판 애지
등록 제 2005-000005호
주소 34570 대전광역시 동구 대전천북로12
전화 042 637 9942
팩스 042 635 9941
전자우편 ejiweb@hanmail.net

ⓒ안상학 2008
ISBN 978-89-92219-14-3 03810

* 저자와의 협의에 의해 인지를 생략합니다
* 이 책 내용의 전부 또는 일부를 재사용하려면 저자와 애지 양측의
  동의를 받아야 합니다
* 이 책은 2008년 한국문화예술위원회 창작지원금을 받았습니다

외지시선 2020

아배 생각

안상학 시집

〈일러두기〉
본문에서 〉는 '단락 공백 기호'로 다음 쪽에서 한 연이
새로 시작된다는 표시이다.

◻ **시인의 말**

지금처럼,
보고 싶은 사람들은 하나같이 곁에 없다.
그들은 이 세상에 없는 사람들이거나
헤어진 사람들이거나 만날 수 없는 사람들이거나
보고 싶어도 잘 만나주지 않거나 만나기 어려운 사람들이다.
아배처럼,
부재의 상처를 하나하나 시로 빚어다가 내다버린 지 삼십 년이다.
지금도 내 곁에는 나를 혼자 두고 싶어서 안달난 사람들 천지다.
그들도 언젠가는 아득바득 내 시로 빚어다가 내다버릴 것이다.
사는 동안,

나는 나를 영원히 안 떠날 터이지만,
적어도 나 때문에는 내가 외로울 리 없겠지만,
언젠가는 나도 나를 버려야할 날이 한 번은 올 것이다.
미안하다,
혹, 나 때문에 외로운 적이 있었던, 외로울 사람들에게
미안하다.
내 시집일랑 내가 내다버린 엄살덩어린 줄이나 알고
절대, 멀리하시길.

2008년 5월 미천재에서
안상학

차례

시인의 말 005

제1부

국화에게 미안하다 013
도라지꽃 신발 014
아버지의 검지 016
아배 생각 018
버릇 020
별의 목소리를 들은 천사의 편지 022
가르마 024
선어대 갈대밭 026
한식 028
아버지의 감나무 이야기 030
국화 032
망매가 033
자수병풍에 남은 실의 노래 034
까마귀는 검지 않다 035
간두루 신부님 036
수종사에서 양수리를 보다 038

조각보 040
오아시스 042

제2부

날치 045
노숙露宿 046
작반作伴 048
실려 가는 소나무 049
사람의 꿈을 먹고 사는 짐승과 봄밤을 노닐다 050
밤새 무슨 일이 052
거미집은 날개를 꿈꾸는 것들이 옥쇄를 감행하는 사지다
054
운산장터 056
내 손이 슬퍼 보인다 058
어으 어흐 062
순천만 064
봄 폭설 065
루드베키아 066
아부오름 갯쑥부쟁이 068
온난화와 내 담배 SEASONS에 관한 농담 070
박영근 이후 072
프리지아 074

나는 너는 076
반야심경에게 미안하다 078

제3부

안동 숙맥 박종규 083
안동 숙맥 최원해 084
운주사 와불 085
용담사 086
기느리댁 사랑채 088
불영사 090
백련사에 두고 온 동전 한 닢 092
開目寺에서 다시, 093
삼강나루 094
수평선은 없다 096
인도양 물봉우리에서 098
김완석 100
푸른 사과 한 알 102
사막의 길 104
울릉도 106
인도양 109
나무가 햇살에게 110

해설 | 홍용희 111

제1부

국화에게 미안하다

어쩌다 침을 뱉다가
국화꽃에게 그만

미안하고 미안해서
닦아주고 한참을 쓰다듬다가 그만

그동안
죄 없이 내 침을 뒤집어 쓴
개똥, 말똥, 소똥에게 미안해서 그만

국화꽃에게서 닦아낸 침을
내 가슴에도 묻혀 보았더니 그만

국화 향기가
국화 향기가 그만

도라지꽃 신발

공중전화 부스에서 딸에게 전화 걸다
문득 갈라진 시멘트 담벼락 틈바구니서 자란
도라지꽃 보았네 남보랏빛이었네
무언가 울컥, 전화를 끊었네

딸아
네 아버지의 아버지도
환하지만 아주 환하지는 않은 저 남보랏빛 꽃처럼
땅 한 평, 집 한 칸 없이 저리 살다 가셨지

지금 나도 저렇게 그렇게 살아가고 있겠지
환하지만 아주 환하지는 않은 얼굴로
아주 좁지만 꽉 찬 신발에 발을 묻고 걸어가고 있겠지
도라지의 저 거대한 시멘트 신발 같은 걸 이끌고
네 아버지의 아버지처럼

환한 딸아 지금 내가 네 발밑을 걱정하듯

네 아버지의 아버지도 내 발밑을 걱정하셨겠지
필시, 지금 막 도라지꽃 한 망울 터지려 하고 있다
환하지만 다 환하지만은 않은 보랏빛 딸아
내가 사 준 신발을 신은 딸아

아버지의 검지

지문이 반들반들 닳은
아버지의 검지는 유식했을 것이다
아버지의 신체에서 눈 다음으로
책을 많이 읽었을 것이기 때문이다
아버지가 독서를 할 때
밑줄을 긋듯 길잡이만 한 것이 아니라
점자 읽듯 다음 줄 읽고 있었을 것이다
아버지가 쪽마다 마지막 줄 끝낼 때쯤 검지는
혀에게 들러 책 이야기 들려주고
책장 넘겼을 것이다
언제나 첫줄은 안중에 없고
둘째 줄부터 읽었을 것이다, 검지는
모든 책 모든 쪽 첫줄을 읽은 적 없지만
마지막 여백은 반드시 음미하고 넘어갔을 것이다

유식했을 뿐만 아니라
삿대질 한 번 한 적 없는 아버지의 검지였지만

어디선가 이 시를 읽고는 혀를 끌끌 찰지도 모를 일이다

나는 이렇게 아버지의 여백을 읽고 있는 중이다

아배 생각

뻔질나게 돌아다니며
외박을 밥 먹듯 하던 젊은 날
어쩌다 집에 가면
씻어도 씻어도 가시지 않는 아배 발고랑내 나는 밥상머리에 앉아
저녁을 먹는 중에도 아배는 아무렇지 않다는 듯
— 니, 오늘 외박하냐?
— 아뇨, 올은 집에서 잘 건데요.
— 그케, 니가 집에서 자는 게 외박 아이라?

집을 자주 비우던 내가
어느 노을 좋은 저녁에 또 집을 나서자
퇴근길에 마주친 아배는
자전거를 한 발로 받쳐 선 채 짐짓 아무렇지도 않다는 듯
— 야야, 어디 가노?
— 예……. 바람 좀 쐬려고요.
— 왜, 집에는 바람이 안 불다?

〉
 그런 아배도 오래 전에 집을 나서 저기 가신 뒤로는 감감 무소식이다.

버릇

흔히 사람들이 자판을 처음 배울 때
자기 이름자부터 쳐보는 습성이 있듯이 나 역시
중고 마라톤 타자기를 처음 마주했을 때
더듬더듬 내 이름자부터 쳤다

괴발개발 문장 연습 처음 할 때는
나는 아름다운 사람이다, 라고 쳤다
시프트키를 누르지 않아도 칠 수 있는 이 말
자판에 익숙해져서도 어쩌다 무심코
손을 풀라치면 저도 모르게 찍어대던 이 말

중고 컴퓨터를 얻었을 때도
처음으로 쳐본 이 문장, 오늘날
노트북까지 따라 와서도
어쩌다 말문이 막힌다든지
손을 푼다든지 할 때면
어김없이 화면에 돋아나는, 어쩌다

아이가 엿보고 실실 웃는, 어쩌다
친구 녀석도 히죽거리는, 얼굴부터 붉어지는
내가 생각해도 머리가 긁적여지는 이 말.

별의 목소리를 들은 천사의 편지

블로그를 만들어서 거기서라도 자주 만나자던
열세 살 딸아이와
오래전 약속도 이냥저냥 미룬 낯짝으로
오랜만에 만나 왕청스럽게도 봄나물 캐러 갔다
딸아이는 몇 해 만에 보는 나생이 찾지 못해
자주 들나생이 민들레 캐들고는 고개를 갸웃거렸다

애야, 먹을 수 있는 나물은 우선 생김새가 정겹단다
그래도 미심쩍으면 냄새로 알 수 있지
이것 봐 뿌리 또한 미끈하고 눈부시지 않니?
무엇보다도 잘 알아보려면 자주 보는 게 직방인데,

손놀림이 점점 빨라진 딸아이는
아빠, 이젠 다른 풀들이 나, 냉이 아니에요, 하는 것 같다고
땅에 납작 꽃자리 깐 나생이 잘도 뽑아 올렸다
좁쌀만 한 꽃 얼굴에 다닥다닥 붙인 꽃다지를

코딱지꽃, 코따데기꽃으로도 부른다니 깔깔대며 넘어갔다

 돌아오는 길 딸아이는 손수 만든 블로그 이름 가르쳐 주었다
 별의 목소리와 천사의 편지가 좋아서 지어본 거라 했다
 자주 들어가 보마고 나는 또 턱하니 약속하고 말았다

가르마

단골집 이발사는 머리를 깎다 말고
가르마 쪽 머리가 잘 빠지는 법이라고 했다
나는 성긴 가르마를 비춰 보며 문득
가장 가까운 머리카락끼리 헤어진 상처라고 생각했다

하필 빛바랜 금강산 사진이 걸려 있는 이발소에서
또 나는, 지금 이 나라도
그런 가르마를 곱게 빗어 넘기고 있다고 생각했다
아니, 누군가 빗겨 준 것이라고 생각했다

머리를 깎으며 자꾸만
허전한 가르마가 거슬려
차라리 빡빡 밀어버릴까
아니면 올백을 해버릴까 궁리 중인데
내 생각을 눈치 챈 듯, 잡생각 말라는 듯 어느새
나를 누이고 목에 칼을 들이대는 이발사의 콧구멍이 벌름거리고 있었다. 거울에 거꾸로 박힌 낡은 텔레비전에서는 평택 대추리에 미군 기지를 마련해 주겠다고 이 나라 군인들이 철조망으로 가르마를 타고 있었다. 순하디 순한 논바닥에서는 가장 가까운 흙들끼리 헤어지고 있었다.

선어대 갈대밭

갈대가 한사코 동으로 누워 있다
겨우내 서풍이 불었다는 증거다

아니다 저건
동으로 가는 바람더러
같이 가자고 같이 가자고
갈대가 머리 풀고 매달린 상처다

아니다 저건
바람이 한사코 같이 가자고 손목을 끌어도
갈대가 제 뿌리 놓지 못한 채
뿌리치고 뿌리친 몸부림이다

모질게도
입춘 바람 다시 불어
누운 갈대를 더 누이고 있다
아니다 저건

갈대의 등을 다독이며 떠나가는 바람이다
아니다 저건
어여 가라고 어여 가라고
갈대가 바람의 등을 떠미는 거다

한식

어매 아배 무덤가에
약쑥 개쑥 뿌리 뽑으며
나도 모르게 끙끙대다가
문득 아배 생각

철도 들기 전 어느 늦봄 다랑논
아배는 모를 심으며
막판 힘에 부쳐 끙끙댔던가
나란히 모를 꽂던 반장댁 할매 옳다구나 싶어
좌악하니 허리 퉁겨 젖히며
— 아, 여보소, 무신 큰 심 쓴다꼬 그클 끙끙대긴 끙끙대노
그 말 날름 받아든 아배 짐짓 낮고 다급한 목소리로
— 어허, 아 깬다마는
그 말 떨어지기 무섭게 두레꾼들
한바탕 배를 잡고 웃었다
못줄 잡고 마주 앉은 누이와 나는
뻥뻥한 눈만 마주치며 고개를 갸웃거렸다

〉
그 말뜻 알만한 나이가 되어
약쑥 개쑥 뿌리 뽑으며 끙끙대다 문득 돌아보니
아배 어매는 태연하게도 내외하며 잠든 척하신다

아버지의 감나무 이야기

 가지 많은 나무에 바람 잘 날 없다는 말 말짱 거짓말이다. 늙으면 자식 놈들 가지에 감 꼬락서니 줄 몰라서 하는 소리지. 괜히 매달려 등골 휠 일 없다. 병든 부모는 하나도 많다던 아버지의 유언.

 차에 받혀 스무 살 기억으로 더듬더듬 다섯 해, 못난 자식들 눈에 밟히셨는지 곡기 끊고 닷새 더 살다 가셨다. 꾸역꾸역 감꽃이 천지도 모르고 피던 무렵이었다. 시원섭섭하게도, 가지 많은 나무 남은 빈 가지들은 스스로 회초리가 되어 제 몸 제가 치고 있는 중에도,

 암을 다 내려놓지 못하고 퇴원하는 누이동생은 링거 병 치켜들고 앞서 가는 열일곱 딸에게서 한 방울씩 수액을 받으며 매달려 가고 있다. 벌써부터 제 몸으로 낳은 어린 가지에 매어달린 독 오른 감이 된 것일까. 아닐 것이다. 부축하는 내 손엔 이렇듯 가벼운 감 한 쪽의 누이. 그래, 그럴 리가 없다, 믿지 말아라, 아버지의 감나무 이야기 말짱 다

거짓말이다.

  누이야, 저 감나무 좀 봐. 아이야, 휘늘어져도 부러지지 않고 주렁주렁 한여름을 건넌, 잎 다 지우고도 붉게붉게 자랑하는 저 서리 맞은 감나무 좀 보아. 어느 밤길도 환하게 비춰갈 저 무수한 등불 좀 보아.

  누이야 누이야
  겨울하늘 끝까지 까치밥 되도록 살아 봐
  아이야 아이야
  콕콕 쪼아 먹는 까치가 되도록 살아 봐

국화

올해는 국화 순 지르지 않기로 한다
제 목숨껏 살다가 죽음 앞에 이르러
몇 송이 꽃 달고 서리도 이슬인 양 머금다 가게

지난 가을처럼
꽃 욕심 앞세우지 않기로 한다
가지 잘린 상처만큼 꽃송이 더 달고
이슬도 무거워 땅에 머리 조아리던
제 상처 제 죽음 스스로 조문하던
그 모습 다시 보기는 아무래도 쓸쓸할 것만 같아

올해는 나도 마음의 가지 치지 않기로 한다
상처만큼 더 웃으려드는 몰골 스스로도 쓸쓸하여
다만 한 가지 끝에 달빛 닮은 꽃 몇 달고
이 세상에 처음 태어나는 슬픔을 위문하며
서리라도 마중하러 새벽 길 가려 한다

망매가

어머니 잃고 시를 얻었다
화살 하나 심장에 꽂은 채
삼십 년을 아무렇지도 않은 듯 걸어왔다
종종 시만 조금 아픈 듯 힘겨워 했다

누이동생 앞세우고는 그런 시도 잃었다
심장에 불화살 꽂은 채
한 삼십 년은 또 너끈히 걸어갈 테지만
더 아픈 시는 없을 것 같다

사진 속 멀쩡한 누이처럼
무통분만의 시만 남아 이렇듯 서러울 것이다

자수병풍에 남은 실의 노래

그대가 가자해서 무작정 따라 나섰다가
한 폭 동백이 되었네 매화가 되었네

그대를 따라 나섰다가 그대를 놓치고
한 폭 국화가 되었네 난초가 되었네

그대가 가자 한 길 이리 아름다웠나요
도마뱀 꽁지 자르듯 그대는 가고

그대를 따라나선 길 이리 아름다웠나요
더 피지도 지지도 못하고 마음 여미었네요

까마귀는 검지 않다

여름방학 때 읽으라고
딸아이에게 레미제라블 사 주고
나는 연암의 책 한 권 샀다
장서인 서명 하는데
하필 딸아이 책 속 면지가 검은색이다
또 하필 검은색 볼펜으로 쓴다
― 그렇게 쓰면 보이냐?
― 보여, 이것 봐, 이렇게 보면 보라색, 이렇게 보면 무지개색…
― 어디, 음, 그렇긴 한데, 어째 좀…
그러거나 말거나 한사코 서명을 마친 딸, 의기양양하다

그날 밤 연암이 내게 넌지시 타일렀다
빛에 따라서, 보기에 따라서 까마귀도 여러 색깔 지녔다는,
한 마디로 까마귀도 검지만은 않다는 거였다

깐두루 신부님

말끝마다 깐두루 깐두루 하는 그 분은
하여간 성이 정씨인 퇴임 신부라니깐두루

그러니깐두루
깐두루 신부, 깐두루 신부 하면
모르는 사람은 그저 세례명쯤으로 알아도 할 수 없다니깐두루

어찌됐건
전쟁 때 고아가 되었다는
그 깐두루 신부 곁에는
멧돼지 덫에 발 한쪽 잃고도 잘도 뛰어 다니는
반달이라는 개 한 마리 있다니깐두루
반달이 전에 개는 달이라고 불렀다는데
하여간 달이도 사정은 마찬가지였지만
어찌나 명랑하고 귀여웠던지 그렇게나
깐두루 신부를 아비처럼 따랐다고 하더라니깐두루

〉
　몰라서 하는 소리지
　이쯤에서 끝날 이야기가 아니라니깐두루
　깐두루 신부 통나무집에서도 한참 먼 골짝
　문씨 성을 가진 집에도 세 발 가진 개 한 마리 살고 있
는데
　사연도 그렇고 생긴 것도 그렇고
　천상 달이를 쏙 빼닮았다니깐두루

　그 동네 이름?어허, 봉화하고도 비나리라니깐두루

수종사에서 양수리를 보다

대웅보전 앞 주목은 진작 묵언에 들었지만
은행나무 한 쌍은 서로를 부르다 목이 잠겨
이제야 묵언에 들었다 너무 늦은 것 같다
서로에게 내미는 손의 힘줄조차 삭아 내리고 있다

절마당을 풀쩍풀쩍 쏘다니는 청삽사리 곰퉁이
오래전 이름이다, 버리는 것이 습관이 된 절집
곰퉁이도 곰을 버리고 퉁이 된 지 오래다 퉁퉁거리며
청삽사리 좇는 스님의 함지박 웃음

발아래 양수리
남한강은 남을 버리고 북한강은 북을 버리고 있다
아주 오래전부터 한 강으로 만나
한 번도 헤어지지 않은 저 강 이름은 한강
흐르지 않는 저 물살의 힘줄이 풀어지고 있다
아무래도 이 나라 묵언수행은 너무 오래인 것 같다
〉

주목 앞 묵언 팻말이 자꾸 한쪽으로 기운다
은행나무 힘줄 스치는 바람이
묵언이라 묵언이라 중얼거리며 은행알 하나씩 버리고 있다
물결 스치는 바람이
묵언이라, 묵언이라, 주절거리며 은비늘 하나씩 버리고 있다

조각보

조각난 가슴을 흘리면서 걸어왔더니
누군가 따라오며 주워 들고
하나씩 꿰어 맞춰 주었습니다

조각난 마음을 흘리면서 걸어왔더니
누군가 따라오며 주워 들고
하나하나 꿰매어 주었습니다

동쪽으로 난 그리움의 상처와
서쪽으로 난 기다림의 상처와
남쪽으로 난 외로움의 상처와
북쪽으로 난 서러움의 상처가
조각조각 수없이 많은 바늘땀을
상처보다 더 아프게 받은 후에야
비로소 사랑의 얼굴을 하고 돌아와
이 빈 가슴을 채웠습니다
〉

보기 싫다 버린 상처가 아름다웠습니다

오아시스

낙타가 뒷발 버티고 서서 새끼 낳던 오아시스에는 황혼이 지고 있었다. 새끼를 받던, 쿠피야 쓴 사내는 집으로 돌아가고, 히자브 두른 여인은 그네 타는 어린 아이 두엇 헐렁한 질바브에 거두어 갔다. 건초를 먹는 낙타 무리에서 멀리 떨어진 외딴 우리에는 새끼를 낳은 낙타가 긴 목을 늘이고 갓난 것을 핥았다. 새끼가 도리질하듯 머리를 몇 번 털자 비로소 고개 들어 긴 목을 초승달 모양으로 가다듬다 이내 고개 숙여 건초더미를 뒤졌다. 늦은 저녁을 먹는 그 길고 곧은 목으로 별이 미끄러져 내리는지 검은 눈시울에 자꾸만 반짝이는 것이 맺혔다 떨어지곤 했다. 이윽고 새끼는 태어나서 처음으로 모래를 밟으며 첫 걸음을 뗐다. 어미의 젖이 퉁퉁 불어 있었다.

제2부

날치

돌고래에게 쫓겨 달아나다
절체절명의 위기에서
날아오른다

살았다 아니, 죽었다
그 순간을 노린
매서운 갈매기의 발톱

지느러미로 살다 날개로 죽는
너의 삶과 죽음의 경계는 어디인가

마침내 발은 가지지 않아서 다행한 짐승아
나는 날개도 아가미도 없어서
이 땅에 발 떼면 죽는 줄 안다

노숙露宿

한때 일곱 개의 어린 해를 거느리던 태양이
하루 하나씩 쏘아 죽이고도 아무렇지 않다는 듯 홀로
日월화수목금토 시공을 지나가는 서울의 지상
한때는 한 가족의 태양이었을 사내들이
지하철 출구에서 떠올라 보행명상 궤도를 돌아
지하철 입구로 스스럼없이 지는 날들이 월화수목금토日
분명히 정해져 있을 남은 일생의 날들 하루하루 축내며
수많은 태양이 지하도 깊은 계곡階谷에서 잠들곤 한다

― 신선은 가족을 거느리지 않는다는 말을 가르쳐준 책을 잊었다

이슬은 낮을 모르고 무지개는 밤을 알지 못한다
태양이 술을 마시고 우는 낮에는 세상의 몽중에
일곱 개의 어린 해들이 무지개로 잠시 눈을 붙이고 간다
한때는 태양이었을 사내들이 술을 마시고 잠든 날은
일곱 개의 눈빛이 꿈속에서 이슬처럼 자고 간다

…사실은 세상도 사내들도 어느 시공에서 하룻밤 노숙 중에 있다

작반作伴

음력 오월 초나흘 마흔여섯 먹은 날
나 태어난 해시 무렵 밤하늘에는
가장 밝은 별이 나뭇잎배 달을 타고
참으로 유정하게 서산 너머 숨어들고 있었다
음력이 정확하다면 나 태어나던 그 밤에도
저리도 착하게 작반하여 숨어들었으리라
믿는다만, 나는 요즘
이 세상에 무엇과 짝하여 저리 참하게
한세상 건너 저기로 숨어들 수 있을까
생각하는 날이 잦다

실려 가는 소나무

내 사주에 나는 소나무를 닮은 甲木이라는데
비록 박토에 뿌리박고 있지만
아무리 목이 말라도 강으로 걸어가는 법이 없는
고집 센 소나무라는데
트럭에 실려 가는 소나무 보면
겨우 옮겨 살 만큼 뿌리와 흙 새끼줄로 친친 동이고도
팔자 좋아라 누워 가는 소나무 보면 은근히 부러워진다.
새 땅에 옮겨 앉아 새로 살아볼 수 있는 저 소나무처럼
나도 어디 참한 땅 옮겨 앉아 팔자 고쳐볼 수 없을까
궁리하다가도 이내 마음 고쳐먹는 것은
내 인생에도 물줄기 쳐들어올 날 있으리라고
하마나 하마나 버텨온 삶 억울하기도 하고 한편으로는
박토는 고사하고 물도 흙도 없을 것만 같은
높은 산 바위에 걸터앉아
신선처럼 살아가는 소나무도 있지 않나 싶기 때문이다

사람의 꿈을 먹고 사는 짐승과 봄밤을 노닐다

당시唐詩 읽는 봄밤
담비 초貂자 궁금해 옥편 뒤적이다
발 없는 벌레 치豸 부에서
짐승 이름 맥貘 자를 보았다
곰 비슷하게 생겨먹은 것이
코는 아래턱 덮고도 남으며
코끼리 코처럼 굴신 자유자재하는 것이
일설에는 구리, 쇠 등을 먹고 산다고도 하고
혹은 사람의 꿈을 먹고 기운 돋운다고도 한다

가족과 헤어져
서울 마포나루 근처에 방을 잡고
잠도 오지 않는 봄밤 당시를 뒤적이다가 나는
그 꿈이라는 것이 내 잠 속의 꿈이 아니라 자꾸만
내 삶의 내일에 있어야 할 어떤 희망인 것만 같아서
행여 이 맥이라는 동물이 야금야금 먹어치우고 있지는

않나 하여
  종래 잠이 오지 않아 나는 또 금쪽같은 봄밤을
야금야금 먹어치우고 있는 것이었다

밤새 무슨 일이

누굴까
동사무소 앞 환경미화용 초대형 화분
그저께 심어놓은 꽃배추들을
마구 뽑아 던진 이는 누구였을까
배추농사 접은 농민이었을까
뿌리 뽑힌 정리해고자의 취중 발산이었을까
무어라 말하며 죄다 뽑았을까
꽃배추 한 포기에 씨펄
꽃배추 한 포기에 개 같은
꽃배추 한 포기에 니 죽고
꽃배추 한 포기에 내 죽자, 했을까
저런 마음이 한도를 넘으면
한강 다리 위에서 뛰어내리기도 하는 걸까
사람을 어떻게 하기도 하는 걸까
동사무소 직원들 다시 심으며 뭐라 말할까
꽃배추 한 포기에 씨펄
꽃배추 한 포기에 개 같은 놈들, 할까, 아니면

꽃배추 한 포기에 그래그래
꽃배추 한 포기에 이래라도 풀어야지, 할까
문득 꽃배추 뽑은 그 마음이 내 맘 같기도 하고
다시 심는 마음이 내 맘 같기도 한
부끄럽기도 하고 쑥스럽기도 한 이른 아침
꽃배추들 뿌리째 널브러진 길

거미집은
날개를 꿈꾸는 것들이
옥쇄를 감행하는 사지다

날 수 없는 것들은 날아서는 안 된다
세상이 한사코 발 떼라고 등 떠밀어도
두 발 붙이고 버텨야 한다. 날아서는 안 되는 것들은
결코 날개를 꿈꾸어서는 안 된다
한강 다리 위에서, 아파트 옥상에서
신발을 벗지 말자, 날아오르지 말자, 순간
급전직하 날개는 허망한 꿈이다, 한순간
이 세상은
단 한 채 거미집으로 변한다
단 한 마리 거미가
피와 살과 뼈 서서히 음미하고 나면
날개만이 허망하게 남겨질 것이다
햇살에 바싹 타들어가 먼지로 날릴 때까지
꿈은
거미의 전리품으로 걸려 있게 될 것이다

날개를 달지 말자

(어쩌면 나는 이미 거미집에 걸려 뼈와 살과 피를 서서히 삭탈당하고 있는지도 모른다. 결국 내 함량미달의 꿈만 남아 고추잠자리 날개처럼 서서히 무미건조한 햇살에 타 들어갈 것이다)

굶어죽는 한이 있더라도 밥줄 하나로 버티는 거미처럼

지금 여기서는 한사코 날개를 꿈꾸지도 말자

운산장터

산 너머 산다는 몽실언니 작가는 버스 타고
월말이면 딱 한 번 운산장터 와서는
세금도 바치고 볼펜, 고무줄, 반창고도 사고
받아보는 책값이며 어디 아픈 사람들에게 후원금도 보내고는
장옥에 들러 포옥 늙은 몽실이 닮은 할머니들과
한참 이야기하다 돌아가기도 한다는데

예니 태풍 때 강물 홀랑 뒤집어써서
우체국도 면사무소도 물난리가 이만저만이 아니었다는데
세월 하난 참하게 흘러
국밥집 모서리 닳은 탁자에 돌아다니는 얘기에는
농협도 파출소도 종아리 걷고 물놀이한 정도쯤으로
어느 결에 이냥저냥 전설로 돌아가 버리고

기차도 쉬지 않는 간이역 끌어안고

늙어가는 장터 어쩌다 간판이 새로 생기면
몽실주점, 몽실식당, 몽실노래방 몽실 몽실
아는지 모르는지 골골백년 작가어른
더러는 장 보고 돌아가는 길에
탑마 지나 용각으로 커피 배달 가는
몽실다방 빨간 차 얻어 타기도 한다는데

그 어른 근년 들어서는 혹 가다 장을 거른 적도
한 번쯤은 있었다는 이야기
일류 장꾼들 내기 입씨름에 오르내리기도 한다는
운산장터

내 손이 슬퍼 보인다

나는 오늘 내 손이 슬퍼 보인다
개에게 과자를 주려고 손 내밀면
개는 어김없이 뒷발로 서서 앞발을 허우적거린다
그 앞발이 무언가 얻으려고 안달하는 내 손인 듯하여
문득 과자를 든 내 손이 서글퍼 보이는 것이다
좀처럼 꺾이지 않는 직립이 불편하다

사람은 빈손으로 왔다가 빈손으로 간다고 한다
아니다, 사람은 손 없이 왔다가 손 없이 가는 것이다
보라, 기어 다니는 아이까지는 손이 아니라 발이다
똥을 뭉개는 저
기어 다니는 노인의 손도 손이 아니라 발이다
사람은 네 발로 와서 두 손으로 살다가
네 발로 돌아가는 것이다. 그것이 인생이다

두 손으로 사는 동안
잘 난 사람들의 손은 악마적이다

앞발이 손이 되는 것은 대체로 소유를 위해서며
앞발이 손이 되는 것은 대체로 폭력을 위해서며
앞발이 손이 되는 것은 대체로 군림을 위해서다

두 손으로 사는 동안
못 난 사람들의 손은 더 악마적이다
대체로 자본 앞에서 빌어먹기 위해서며
대체로 폭력 앞에서 싹싹 빌기 위해서며
대체로 권력 앞에서 두 손 들기 위해서다

두 손으로 사는 동안 극한에 가서는
악마적인 손과 더 악마적인 손이 부딪친다
빌어먹던 손이 찬탈하여 소유의 손이 되기도 하고,
 싹싹 빌던 손이 칼을 빼앗아 들고 살수를 휘두르기도 하고,
 항복하던 손이 권력의 숨통을 끊고 군림하기도 한다
 두 손의 역사는 끊임없이 싸움을 재생산하는 역사다

〉
　나는 오늘
　배가 부르면 이내 발로 돌아가는
　저 순하디순한 개의 손을 보면서
　도무지 잉여를 모르는 저 개의 손을 보면서
　나는 어쩔 수 없이 내 손이 슬퍼 보인다. 그렇지만
　개가 두 발로 오래 서 있지 못하는 것은 다행이라 생각
한다
　아니래도 손이 자유로운 것이 많아서 어지러운 세상에
　개마저 그리 된다면 끔찍하다

　과자를 주면
　이내 네 발로 돌아가는 저 단순한 동물이
　오늘따라 한없이 예쁘게만 보인다. 꼬리를 흔들며
　행복한 표정을 짓는 저 개와 섹스라도 하고 싶어진다
　그러나 나는 오늘
　분명 내 손이 슬퍼 보인다. 빼앗길 것도 없고

빼앗고 싶지도 않는 내 손이 한없이 슬퍼 보이는 것이다
두 손 탈탈 털고 네 발로 기어 다니기에는
이미 세상은 너무나 직립공간인 탓이다

 오늘도 일용할 양식을 위해 허우적거리는 내 손이 슬프다

어으 어흐

평생 어으 어흐 소리만 하며 사는 사람이 있다
낡은 바구니 든 손 내밀며 어으 어흐
평생 구걸만 하며 사는 사람이 있다
한때 잘 나가던 극장이 문을 닫자
사람 많은 터미널 용케 옮겨 앉아
어으 어흐
돈을 달라는 건지 말라는 건지
평생 어으 어흐 탁발 하는 사람이 있다
사람들 발걸음 점점 빨라져가는 요즘
그의 목소리도 갈수록 높아지고 있다
터미널을 곧 옮긴다는데
그는 또 어느 사람 많은 곳으로 옮겨 앉아
어으 어흐 하며 살까
짐승의 울부짖음 같기도 하고
못내 아픈 사람 신음소리 같기도 한 그의 노동
내 귀때기 새파랄 때부터 보았던 그도 이젠
나처럼이나 아랫배가 잡히고 새치가 늘었다

〉
사실 내 시도 문자만 빼면 그 소리만 남을 것이다

순천만

그때 나는 순천만에 있었다
갈대들은 나처럼 서 있었고
철새들은 누이의 부음처럼 알아듣기 힘든 소리로 울었다

그때처럼 나는 지금 순천만에 서 있다
갈대들은 나처럼 여전히 서 있고
철새들은 그때 그 부음처럼 여전히 알아듣기 힘든 소리로 운다

순천만 너머
여자만 밖 낮달은 밤을 기다리는지 몰라도
내 사는 세상 밖 누이는 내 부음을 기다리지는 않고
다만 보고 싶다는 생각은 가끔 할 것이다

봄 폭설

어제 서울에는 백년 만에 봄 폭설 내렸다 한다
몸 풀고 서울 가던 강물은 괜찮은지
밤새 꿈속에서 다시 떠나던 지나간 사랑

오늘 아침 내 사는 곳에도 폭설 내렸다
봉정사 돌계단 밑 개미자리꽃은 괜찮은지
월영교 건너 길섶 꽃다지는 어떤지

개구리는 다시 눈 감았을까 경칩 폭설
봄이면 화전 부치던 여인은 어디 가고
세상에서 가장 큰 눈꽃이 지고 있다, 저기
눈꽃 따던 눈사람 온 세상 눈꽃 화전 지지고 있다

루드베키아
— 에다가와 조선학교

어쩐지 낯선 꽃이라서
북아메리카가 원산지라서
누런 얼굴에 검은 점이 유난해서
눈에도 멀게 두었던, 뿌리째 뽑아버리고 싶었던,
발음도 어려워 누드벗기어라 부르던

그 꽃
눈에 들게 하고 마음에 품기까지
참으로 여러 날 여러 해 걸려
꽃이 무슨 죄 있나 싶어
머나먼 낯선 땅에 와 뿌리 내리고 살며
어떻게나 환하게 울타리며 길가를 밝히고 선
그 꽃을 꽃으로 본 게 몇 날이나 되었나

천인국天人菊,
이제는 하늘나라 사람의 국화라는
어엿한 이 나라 이름도 가져

하늘국 하늘국 별명도 지어 부르며
정들이고 있는 중에도
에다가와 보면 에다가와 학교 보면
우리나라 우리 땅에 발 딛고 사는
저 천인국조차 우리나라 꽃이거니 품지 않는다면
에다가와 사람들 안녕을 비는 건 염치없는 일 아니랴
파렴치한 일 아니랴

아부오름 갯쑥부쟁이
— 재일조선인 L에게

바람 타는 섬*
바람 아래 사는 꽃
너를 보면 눈물 나
키는 몰라도 뿌리는 알아
바람 아래 살아도 꽃은 알아
낮지만 환하게 피는 꽃

그래도 언젠가
바람 아래 못 살아 이웃 섬나라로 끌려간 꽃
다 늦은
뼈꽃으로 돌아와 잠든 무덤에도
바람 아래 피는 꽃
너를 보면 눈물 나

섬나라에 두고 온 딸
가끔 찾아와 무덤 앞에 잠시
너처럼이나 피었다 가면

어쩌면 죽어 또 뼈꽃으로나 돌아올까
가만가만 눈물 흔들리는
바람 아래 사는 꽃
너를 보면 나 눈물 나

* 일제강점기 제주 잠녀항일투쟁을 다룬 현기영 소설
　『바람 타는 섬』에서 얻음.

온난화와 내 담배 SEASONS에 관한 농담

그렇다면 한반도가
열바다에 발 담그고 족욕하는 모양이다
점점 한반도가 더워지고 있다니, 서서히 열기가
백두까지 올라가고 있다니 그렇다면
한반도가 반신욕 즐기고 있는지 모를 일이다
그렇다고 나는 사계절이 없어지는 걸 바라지 않는다
자연적으로 북측이 따뜻해지기를 소원하지도 않는다
다만 사계절이 비교적 뚜렷하다고 믿는 이 나라에서
사계절이 자꾸만 희미해져가는 것이
내가 자꾸만 SEASONS를 태우기 때문인 것만 같아서
내 담배 이름이 궁금한 사람들에게 변호하기를
바다sea의 아들들sons이라고도 하고
詩sea仙들sons이 피는 담배라고도 하고
새sea들도 손sons이 있어야 담배를 피우지 않겠냐고
너스레를 떨기도 하는데, 하여간
달콤한 인생, 장화홍련
반칙왕 김지운 감독이 곽에다 꽃과 나비 그려 넣고

내친김에 사인까지 꽉꽉 해 놓은
CINE CINE CINEMA 시리즈, 그 놈 담배 엄청 씨네 마
하면서 나는 나의 SEASONS를 맛있게 태우고 만다.

박영근 이후

누구라도 이젠
밤늦게 전화해도 반갑게 받자고
차비 만 원 달래면 웃전까지 얹어 주자고
천 리고 만 리고 택시 타고 달려오면
택시비에 술값까지 마련해서 버선발로 마중가자고
마음먹기도 전에 박찬 시인이 갔다.
그래, 이젠 정말 어느 누구라도
살아 있을 때 잘해 주자고
술 한 잔 더 하자 하면 흔쾌히
앞장서서 이차고 삼차고 가자고
전화 오기 전에 먼저 전화 하자고, 암, 그러자고
마음 단단히 먹기도 전에
조영관 시인이 갔다. 지기미,
이제부턴 진짜 누구라도
울고 짜고 보채도 같이 울어 주자고
절대 욕하거나 등을 보이지 말자고
언제든지 놀러오라고 어디서든 만나자고

부르면, 원하면, 그러하다면, 저러하다면
망설일 것 없이 하자는 대로 하자고, 마땅히 그러자고
마음 단단히 고쳐먹기도 전에 김지우도 소설처럼,
하나같이 한창 나이에 갔다.
살풀이라도 하자고, 캬, 이젠
진짜 좋은 말 서로 하고, 진짜 이쁜 마음 쓰며 살자고, 캬아
있을 때 잘해 주자고, 그래 그러자고, 고, 고, 하다가 끝내는
멀쩡한 이름들 앞에 故자만 더 늘겠다고
에이 씨펄, 다짐은 무슨 다짐,
그만 술자리를 파하고 만다.

프리지아
— K에게

술이 취해 잠으로 무너져간 곳은 언제나 서울이었다
프리지아를 좋아하는 너는 블루를 마시고
블루를 아끼는 나는 푸른 개 앞에서 잠이 들었다

서울의 혼곤한 취기는 언제나 술을 앞서 갔다
여기저기 푸른 개가 끼적거린 취필난마는
꿈속에서도 목줄처럼 꽃들을 이끌고 다녔다

영혼은 언제나 몸으로 무너지고 몸은
영혼을 부리지 못하는 기려羈旅의 유곽에 누웠다
고통의 중독 끝에 발견한 면역체계는
누이의 죽음이 가져다 준 프리지아 꽃다발

마른 화편花片을 안주로 꾹꾹 씹어가며
그날 밤 한 영혼은 한강을 거슬러 가고,
나는 종이그림 배를 타고 서해로 갔다
〉

춘몽 중에도 한강은 서해 푸른 개의 목줄,
나는 옥죄인 한 칸 구멍을 풀어 주며 견성見性 통곡했다
짖으면 짖을수록 나의 목을 조이는 사슬 푸른 날이었다
잠이 나를 버리고 갔을 때도 언제나 서울이었다

나는 너는

 나는 나비였지만, 이제 나비를 싫어하기로 작정한다. 꽃만 찾아 그 내밀한 꽃샘에 긴 혀를 박고 전율하는 그 집요함도 싫어하기로 한다. 그 지독한 꽃 중독에 걸려 세상 위해 한 번도 노래하지 않은 무관심도 이젠 안녕이다. 꽃향기와 꿀물의 단맛에 젖어 나무와 새와 풀과 땅과 하늘을 외면한 편집증도 안녕이다. 나는 그런 나비였다. 이제 긴 애벌레의 잠으로 돌아가 자성의 고치를 튼다. 다시 태어나면 벌이 될 것을 꿈꾼다. 싸울 때 목숨 바칠 줄 알고, 일할 때 땀 흘릴 줄 알고, 사랑할 때 영혼을 다하는

 너는 꽃이었지만, 이제 꽃을 싫어하기로 다짐한다. 속 깊은 곳이 다 헐도록 나비에게 꿀물 주었지만 아무것도 잉태하지 못한 꽃잎 접기로 한다. 오랫동안 한 나비의 혀를 물고 있던 입술에 힘을 빼고 꽃잎 지기로 한다. 너는 그런 꽃이었다. 씨를 낳지 않아도 다시 꽃 피는 쓸쓸한 나무의 꽃에서 물러나 자성의 겨울잠에 든다. 다시 태어나면 풀꽃이 될 것을 꿈꾼다. 몸은 스러져도 씨를 잉태하

고 다시 환생하는

  그런 봄이 더디 와도 아주 안 오지는 않을 것이다.

반야심경에게 미안하다

저 돌부처
절이 떠나가고
중도 떠나가고
혼자서 밭두덕에 머리 처박고
한 오백년
세상을 이고 명상에 잠겨 있었다지

길 가던 젊은 보살 옳다구나 싶어
멋모르고 작은 법당 짓고는
돌부처의 명상을 깨웠다지
흙으로 돌아가는 투신 공양을 말렸다지
연꽃방석에 모시고 문을 열었다지

귀도 없고 코도 없고 입도 없고
눈도 거의 없는 얼굴을 하고
연꽃방석이 가시연꽃방석인지 어떤지
엉거주춤 앉아서

세상 근심 절 올려도
알아서 하요, 짐짓 모른 체하며
눈도 감고 귀도 막고 웃음도 거두고
난 모르요, 비스듬히 왼고개만 틀고 있다지

제3부

안동 숙맥 박종규

　신문 지국을 하는 그와 칼국수 한 그릇 할 요량으로 약속 시간 맞춰 국숫집 뒷방 조용한 곳에 자리 잡고 터억하니 두 그릇 든든하게 시켜놓고 기다렸는데 금방 온다던 사람은 오지 않고 국수는 퉁퉁 불어 떡이 되도록 제사만 지내고 있는 내 꼴을 때마침 배달 다녀온 그 집 아들이 보고는 혹 누구누구를 만나러 오지 않았냐고 은근히 물어오길래 고개를 끄덕였더니만 홀에 한 번 나가보라고는 묘한 미소를 흘리길래 무슨 일인가 싶어 마당을 지나 홀 안을 빼꼼 들여다보니 아연하게도 낯익은 화상이 또한 국수를 두 그릇 앞에 두고 자꾸만 시계를 힐끔거리고 있는 것이 아닌가.

안동 숙맥 최원해

 클래식기타 솜씨가 대단한 내 친구 최공과 나는 기타를 둘러메고 또한 기타와 노래 실력이 어금버금한 의성김씨 내앞 종가 셋째 아들과 합을 겨룰 심산으로 찾아갔는데 마침 가을도 깊었는지라 넓디넓은 정원을 손보는지 어쩌는지 그는 장정 종아리만 한 감나무 밑동에 반나마 톱을 먹이고는 무에 그리 힘이 드는지 땀을 뻘뻘 흘리며 천천히 아주 조심조심 톱질을 하고 있었는데 한참을 지켜보던 최공이 지만증이 났는지 어쨌는지 저리 비켜보라더니만 기타를 팽개치고 냅다 달려가서 감나무 옆구리에 이단옆차기를 넣었는데 오호라 감나무가 부러진 것까지는 좋았는데 그만 홍시들이 투둑투둑 머리고 옷이고 뭐고 꼴이 말이 아니었다.

운주사 와불

봄밤 내내 하늘이 비를 내려 두고 간 아침
선 채로 누운 석가모니불은 퉁퉁 눈이 부어 있었고
앉은 채로 누운 비로자나불은 눈물이 고여 있었다

어느 세월이 덥석 일으켜 세워도
일불은 세상으로 걸어 들어갈 것이라 하고
일불은 앉아서 기다릴 수밖에 없을 거라 하며
봄밤 내내 처음처럼 손도 잡지 않고 내외했을 것이다

간밤 내내 비 맞으며 누군가
품고 품어도 합불이 되지 않는 한 여인을
한 여승으로 보내는 아침 길 따라 나는
일불의 눈물 마르기를 기다려 세상으로 걸어 나왔다
빛을 잃은 바위 별들이 성긴 길섶으로
연분홍 환한 봄날이 먼저 지나가는 길이었다

용담사

쇠삿갓 쓴 사람을 들이지 말라는
연기설화가 있었다는데 그만,

비도 미친놈 억수같이 내리던 날
무쇠솥 쓴 여인이
굶주려 우는 아이 업고
용담사 처마 밑으로 기어들었네 그만,
삼백 리 떠나온 길
어디에 불 피운 흔적도 없이
밥 짓는 연기도 없이
손가락 물리며
무명저고리 옷고름 빨리며
승려들 쌀 씻은 물 따라 용담사로 올랐네 그만,

바람도 미친년 아귀같이 불던 날
쇠삿갓 쓴 여인이 무쇠솥 쓴 여인이
용담사 처마 밑에 짐을 풀었네

아이를 풀었네 그만, 아이의
주검을 풀었네 허제비처럼
허수아비처럼 등짝에 매달려온 아이는
칠성판도 없이 행장도 없이
돌무덤을 썼네
비가 와도 씻기지 않고
바람이 불어도 날리지 않는
돌삿갓을 썼네 그만, 여인은
쇠삿갓보다 더 큰
무쇠솥보다 더 무거운 맞배지붕을 썼네
기어코, 깎은 머리에 똬리도 없이 그만,

그래서 그런지 길안천에는
쌀뜨물이 뚝 끊겼다지 그만.

기느리댁 사랑채

안동으로 드나드는 천변 주막거리 외따로
기느리댁 사랑채 사랑어른은 품이 깊기로 유별났다는데
등짐장수들 고개 넘다 산도적 만나 다 털리고 한뎃잠 자면
일일이 불러다가 깡조밥에 물 한 사발
새우잠이라도 재워서 보냈다 한다

여름 겨울 익사사고 많이 나는
이무기가 살아도 떼로 산다는 선어대소가
천변 주막거리 어느 집보다 가까운 기느리댁 사랑채
물에 빠져 장승같이 굳은 사람 우선 누이고
때로는 염을 하고 때로는 되살리곤 하였다는데

얼음이 바닥까지 얼었으리라는
그 어느 쩡쩡한 겨울에는
나무꾼이 한 짐 지게 밀고 건너다

얼음구멍에 빠져 무명천 엮어 어찌어찌 건져내어
윗목에 누이고 몸을 녹이는데

동네 남정네도 지나던 등짐장수도 차례차례 들어가 옷을 벗고 품는 중에도 사랑어른 일곱 살 난 딸내미 자야는 기느리댁 뒤에 숨어 왜 따뜻한 아랫목에 누이지 않느냐고 어찌 군불 더 넣지 않느냐고 자꾸만 제 어미 치맛자락을 당기며 글썽이는 눈을 맞추었다 한다

불영사

새가 날아오른다
그림자는 땅에 두고 간다
잊어버린 모양이다

부처는
그림자를 연못에 두고
산등을 타고 올라가 바위가 되었다

대웅보전 앞
삼층석탑은
원래 그림자를 갖지 않았다

초파일 무렵,
아홉 번째 용을 타고 들어간 선묘는
여승의 그림자로 남았다

산신당 앞 할미꽃은

제 그림자를 물고
오체투지 삼매에 들었다

몸을 땅에 묻은 돌거북은
그림자의 집착을 벗은 대신
절을 등에 지는 고행을 얻었다

새는 하늘에 있었고
그림자는 땅에 있었다
새는 새였고 그림자는 그림자였다.

백련사에 두고 온 동전 한 닢

누군가 나에게서 떠나고 있던 날
나도 내 마음속 누군가를 버리러
멀리도 떠나갔다 백련사 동백은
꽃도 새도 없이 잎만 무성하였다 우두커니
석등은 불빛을 버리고 대신 얻은
동전을 세며
수없이 많은 사람들 손을 모으게 했을
잘 안 되는 일들의 기록 살피고 있었다
나도 내 잘 안 되는 일들의 기록을
동전 한 닢으로 던져 주었다, 석등은
내 안의 석등도 오래 어두울 것이라 일러주었다

가질 수 없는 누군가를 버리고
돌아오는 길, 꽃등 없는 동백나무 한 그루
끝끝내 따라와서 내 가슴에 박혀 아팠다
백련사 석등에게 미안했다 누군가에게
너무 오래 걸린 이별을 바치며 미안하고 미안했다

開目寺에서 다시,

그대 등 뒤로 보이는 세상에 대하여
나 오늘 그대에게
그대만 아는 나의 목소리로 들려주리니
그대는 내 눈만 들여다보아라
은하수가 흘러간 곳에서 아침 해가 뜨는 것과
황혼이 머물다 간 자리에 저녁별이 돋는 것을
그대만 아는 내 눈빛으로 전해주리니
오늘은 그대여, 내 눈만 들여다보아라
세상에서 흘린 그대 눈물이 외로운 까닭과
세상에서 얻은 그대 사랑이 서글픈 이유를
그대만 아는 내 목소리로
그대만 아는 내 눈빛으로 이야기하리니
오늘은 다만 그대여
아침 해가 어떻게 이슬 속에 깃들이는지
저녁별이 어떻게 조약돌에 깃들이는지
가없는 나의 눈빛에 깃들여 알아보아라

삼강나루

민들레 태풍은 지나가는 길 어디쯤
홀씨를 부려 놓았을까
흩날리는 비안개 산을 넘는 회룡포 지나
오래된 사랑 배우러 삼강나루 가는 길
해는 구름 속에서도 무사히 제 갈 길 간다는 듯
그 길 닮은 쌍무지개 강 언덕에 잠시 걸어두었다
사랑이 손잡고 걸어가면 생긴다는 쌍무지개 길

흰옷 입은 사람들이 오래전에 건너간
삼강나루에는 주막 하나 남아 있었다
다 떠나보내고 혼자 남은 주모도 오래 되었다
배가 드는 길도 나는 길도 없는 주막거리
나룻가 홰나무보다 더 높이 다리가 걸려 있었다
낡은 배는 무딘 칼처럼 강 언덕에 날을 숨긴지 오래
더 이상 강을 가르는 꿈도 없는 낡은 잠에 취해 있었다
맥주에 새우젓 내오는 늙은 주모
아흔 평생 걸어온 길이 이런 거라며

아무도 모르게 강 건너로 쌍무지개를 걸어 두고 있었다

수평선은 없다

이 세상에 수평선은 없다
세상 고르잖다는 말은 정설이다
둥글게 살아라는 아배 유훈은 한 도 튼 말씀이다

적어도 액체는 기본적으로 둥글다
이슬방울이다 눈물방울이다
빗방울이다 땀방울이다 할 것 없이 모여든
저 거대한 바다도 기본적으로 둥글다

수평선을 가리키며 평등을 이야기하면 사기다
둥근 눈동자로 평등을 이야기하는 자들의 음모다

일찍이 이 세상엔
수평선에서 불평등을 읽어낸 내 아배같이
둥근 땀 흘리며 둥근 눈물 지으며
절대 평평한 무지개를 꿈꾸지 않으며
둥글게 살다간 사람들이 많다

〉
지난 날
아무것도 모르고
물은 낮은 곳을 평등하게 채운다고 지껄인 말을 지운다
이 세상 어디에도 진짜 평평한 수평선은 없다
순진하게도 요즘 나는
점점 둥글어지는 내가 무섭지만
아배의 유훈을 따르기로 마음먹는다
수평선은 없다

인도양 물봉우리에서

거대한 물방울이거나
아니면 저 아마득한 하늘눈에 맺힌
벽안의 수정체, 나는 한 마리 플랑크톤
아니면 한낱 티끌, 아니면 아무것도 아니거나
혹은 그 무엇이거나 인도양은,

단 한 방울의 거대한 눈물방울이거나 아니면
무한 생명의 수정으로 흐르는 한 방울 정액,
내가 탄 거선도 여기선 조각배거나
아니면 저 하늘 실구름 그으며 지나가는
비행기 그림자거나 인도양은,

온통 하늘과 바다뿐인 원형의 양단
원융무애 그 둥근 물봉우리 위에서
누구는 모든 것이 용서된다고 하였지만
실은 바다가 우리를 용서하고 있었다. 아니
용서할 그 무엇도 없다고 하였다.

〉
자잘하게도 나는 쪽빛 깊은 물봉우리에서
다시는 바다에 침 뱉지 않기로 마음먹었다.
재떨이에 침 뱉는 버릇도 고치기로 하였다.

김완석

현대하이웨이호 선장 김완석
태평양에선 태평양스카이라운지 지배인이지만
어려서는 경상도 현풍 산골내기 꼴머슴처럼 살았다나
바다가 보이는 진해에서 고등학교 다니며
굶는 것도 자신 있었지만 공부하는 것도 만만했다나
딴 건 몰라도 돈 하나는 잘 번다는 해양대 선배들 꼬임에
청춘도 낭만도 데모도 뒷전으로 밀쳐 두고
가난 땟국만은 차고 넘치는 집안 청소 좀 하려
군대도 그런 군대가 없는 해양대에서 악으로 깡으로 버텼다나
초임 삼항사 무일푼에 배짱 하나로
남의 집 귀한 딸 꼬셔다가 달세집에 생과부 만들어 놓고
임인생 호랑이띠 고독한 발톱으로 바다 할퀴며
그야말로 오대양 육대주 누비길 스무 해
아들 노릇 사위 노릇 참하게 해서
뼛속까지 눌어붙은 가난 청소 빡빡 해내고
며느리 하난 잘 얻었다는 소릴 무시로 듣는 마누라

그 곁에 불알 두 쪽 같은 든든한 두 아들 부려 놓고
도선사, 아직도 도전할 건덕지 하나 지니고
다부진 어깨 하나로 거선 움직이는 사내
사랑도 명예도 다 떠나서 떠돌 수 있지만
그 놈의 고독만큼은 어쩔 수 없이 데리고 다닌다나
아직도 아침저녁으로 노을 지면 환장하고
깊고 푸른 바다 보면 그냥 뛰어들고 싶어서
이젠 조금씩 두려워지기도 한다나 어쩐다나
십팔번, 남자라는 이유로, 흥얼거리며
육 개월 바다 두어 달 뭍 오가며
팔자에 박힌 쇳덕 하나 믿고 떠다니는 물 위의 인생
동갑내기 내 친구 김완석 선장.

푸른 사과 한 알

아랍에미리트 두바이 라마다호텔
내가 묵은 방 탁자에 놓여 있던 푸른 사과 한 알

알라가 무함마드에게 내린 첫 번째 계시에 등장하는 한 방울 정액

푸른 사과 한 알이기 이전에는
꽃도 아니, 나무도 이파리도 뿌리도 줄기도 없었을 것만 같은,
그냥 이 세상에 한 방울 푸른 정액으로 온 것만 같은,

그 푸른 알 따서 내게 줄 여자는 너무 멀리 있고
나는 이틀 밤을 그곳에서 혼자서 잤다. 부끄러움도 없이
훌라당 벗고 천지창조의 사내처럼 손길 내밀며 잠꼬대를 했다.

사막에서 뱀 문신을 한 사내의 곁에서 양고기 먹던 밤

에는 인도양에서 보았던 별들이 한 방울씩의 정액으로 빛나고 있었다.

사막의 길

열여드레 항해에 길들여진 눈 탓일까
사막은 바다 위에 모래를 뿌린 듯하더라
모래물결 모래파도 솟구쳐 올라 차창에 어룽지는 모래보라
한 무리 낙타가 쉬고 있는 모래이랑 넘으면서는 문득
사막에서 바다를 읽는다는 게 사치라는 생각 들더라

막막하기는, 바다와 같이 망망하기는
두어 시간 길 없는 길 끝자락에서 만난
짙은 어둠 드리워진 겹겹의 모래너울, 그 아득함이라니
캠프 있는 곳을 알려주는 오렌지색 불빛 야속한 등대

어디나 어두워서 별 뜨더라
숱한 유목의 눈동자를 빛나게 한 별들이 평등하게도
낯선 사내들 검은 눈동자도 잊지 않고 찾아들더라
벨리댄스 여운을 추스르는 아일랜드 처녀의 술잔
무슬림 가이드도 어쩐지 술잔 기울이고

어느 시인은 팔뚝 걷고 전갈 기다리며
비스듬히 누워 물담배만 마시더라

아홉 살에 사막으로 생존을 배우러 떠난 그 소년 무함마드는 그들만이 볼 수 있는 항해도를 그려놓았을까 누구도 길을 잃지 않고 돌아 나오는 길에도 내 눈에는 온통 사막일 뿐인 그들만의 길

울릉도

　너는 어느 먼 전설 속 한반도가 험한 바다를 표류할 때 거대한 해일파도에 가라앉았을까 연백인지 만경인지 늠름하게 섰다가 허리 밑을 잘라 평야를 만들어놓고 금강인 양 설악인 양 아름다운 얼굴로 동해나 먼 곳 수자리 떠난, 동해나 깊은 곳 파도 막으러 떠난 그 봉우리가 아니냐 그러기에,

　　너는 한반도의 심장이다
　　너 없으면 이 땅은
　　무슨 수로 매일 아침
　　뜨거운 태양을 길어 올리랴
　　용암 같은 피 고동치게 하랴

　　너는 한반도의 허파다
　　너 아니면 이 하늘은
　　무슨 수로 하루 종일
　　새들을 노래하게 하랴

꽃들을 향기롭게 하라

너는 한반도의 젖꼭지다
너 아니면 우리들은
무슨 수로 이 저녁에
목젖을 축이랴 그 품에
편안한 꿈 꿀 수 있으랴

동해나 깊은 너 아니면
동해나 먼 너 없다면
무슨 수로 오늘 하루
지는 해를 편안히 보낼 수 있으랴
밤도 깊어 아침 해를 기다릴 수 있으랴

그러기에, 너는 어느 먼먼 전설 속 장백산 머리에 있던 으뜸 봉우리였는지도 몰라 이 땅이 온통 불가마 카오스에 휩싸였을 때 네 스스로 뜨거운 목을 쳐 천지 만들어 식혀

놓고 동해나 차고 깊은 물에 몸을 던진 그 봉우리였는지도 몰라 오늘도 맑은 바람에 마가목 이마 씻는 울릉아, 부드러운 는개로 해국화 입술 적시는 울릉아

인도양

 월식의 밤이면 은하수가 내려와 몸을 씻는다는 전설을 짓고 싶었습니다.

 그 정도로 인도양의 빛색은 깊고 푸르고 맑았습니다. 봄베이 사파이어가 인도양의 눈망울이라면 좀 그럴 듯한 표현일까요. 그래도 좀 미진하다면, 우리나라 가을 하늘에 희디흰 옥양목을 한 천년 담아 두었다가 어느 맑은 날 건져내어 수평선에 걸어 놓은 듯하다면 어떨까 싶었습니다. 그래서 그런지 모르지만 아직도 철썩철썩 물 드는 소리가 뭍을 적시고 있었습니다.

 매일 밤 월식이라도 이 몸은 씻어서는 안 될 것만 같았습니다.

나무가 햇살에게

바람 타는 나무가 더러 운다고 해서
사랑이 흔들리는 것은 아니리
그 어느 바람에도 뿌리째 흔들리지 않았고
그 어느 눈보라에도 속까지 젖지는 않았으니

구름 타는 햇살이라 더러 울기야 하겠지만
나에게 이르는 길을 몰라서가 아니리
그 어느 바람에도 날리지 않아서 내 잎새에 이르렀고
그 어느 추위에도 얼어붙지 않아서 내 가슴에 스미었으니

어느 날에는 햇살 속에 살겠네
어느 날에는 나무 안에 살겠네

□ 해설

질박한 서정

홍용희(문학평론가)

 안상학의 시적 정조는 질박하다. 그의 시적 언어는 세련되고 날카롭고 민첩한 감각과 감성을 자랑하는 법이 없다. 그는 마치 이러한 시적 성향을 의도적으로 역행하려는 듯, 질박한 감성과 화법을 꾸준히 견지한다. 그래서 그의 시편들은 새로움의 충격보다는 재래적인 구태에 더욱 가까워 보인다. 그러나 그의 질박의 미의식의 지속적인 추구는 점차 더욱 내밀한 시적 진정성과 믿음을 획득하는 동력이 된다. 그래서 그의 시 세계는 마치 흑백 사진을 보는 듯한 친숙한 정감과 아득한 여운을 전해준다.
 이점은 질박의 미의식이 공자가 설파한 어짊(仁)의 세계와

상통한다는 것과 무관하지 않을 것이다. 공자는 『논어』에서 '강의목눌(剛毅木訥)이 근인 (近仁)'이라고 하여 강건, 의연, 어눌과 더불어 꾸밈없고 소박한 질박을 인(仁)에 가깝다고 설명한다. 다시 말해, 질박함이 인(仁)을 추구하고 반영하는 미의식의 요체라는 것이다. 주지하듯, 유교의 덕목 중에 가장 으뜸에 해당하는 인은 '관계의 대상을 사랑하는 정(情)'으로 요약된다. 맹자는 「공손추편(公孫丑篇)」에서 인을 측은지심(惻隱之心), 즉 불쌍하게 여기는 마음의 극치로 설명하여 의예지신(義禮智信)의 이지적 판단의 성향과 변별되는 감성적 덕목으로 규정한다. 한편, 여기에 주자는 다시 형이상학적인 해석을 부여하여 현실적인 애정과 구별되는 것으로서, 정(情)을 낳게 하는 고차원적인 본성(本性)으로 파악한다. 이와 같이 인(仁)은 기본적으로 냉정한 이지적 도덕성이 아니라 심미적 감수성과 정의(情意)에 가깝다.

안상학의 시 세계는 질박한 언술을 통한 인간적 덕성, 연민, 그리움의 정서가 주조를 이룬다. 다음 시편은 그의 시적 삶의 체질과 성향을 예각적으로 보여준다.

신문 지국을 하는 그와 칼국수 한 그릇 할 요량으로 약속 시간 맞춰 국숫집 뒷방 조용한 곳에 자리 잡고 터억하니 두 그릇 든든하게 시켜놓고 기다렸는데 금방 온다던 사람은 오지 않고 국수는 퉁퉁 불어 떡이 되도록 제사만 지내고 있는 내 꼴을 때마침 배달 다녀온 그 집 아들이 보고는 혹 누구누구를 만나러 오지 않았냐고 은근히 물어오길래 고개를 끄덕였더니만 홀에 한 번 나가보라고는 묘한 미소를 흘리길래 무슨 일인가 싶어 마당을 지나 홀 안을 빼꼼 들여다보니 아연하게도 낯익은 화상이 또한 국수를 두 그릇 앞에 두고 자꾸만 시계를 힐끔거리고 있는 것이 아닌가.
―「안동숙맥 박종규」전문

시적 화자와 그의 친구와의 만남이 오래된 풍경화처럼 정겹게 펼쳐지고 있다. "국수집 뒷방"에서 기다리는 화자와 "홀"에서 기다리는 친구가 서로 거울처럼 동일한 모습을 보이고 있다. 그래서 "안동숙맥 박종규"는 '안동숙맥 안상학'이란 말로 치환시켜도 무방하다. 이 둘의 약속은 처음부터 어떤 이해타산적인 일을 도모하거나 해결하기 위한 목적과는 거리가 멀다. 그저 "칼국수 한 그릇 할 요량"이다. 그러나 이들의 만남의 약속은 다소 어긋나게 된다. 그리고 이 어긋남이 이들의 진실하고 따뜻한 우정과 인간적인 덕성을 드러내는 틈새가 된다. 이들은 약속이나 한 듯이 제각기 "칼국수"를 두 그릇 시켜 놓고 기다린다. "국수는 퉁퉁 불어 떡이 되"어 가고 있으나 어느 한 사람도 자기의 국수 그릇에 손을 대지 않는다. 비록 "국수"가 불어 "떡이"된다 할지라도 기다리는 친구와 함께 하고자 하는 것이다. 물론, 여기에는 기다리는 친구가 반드시 올 것이라는 신뢰가 전제되어 있다. "퉁퉁불"은 국수는 바로 이 둘의 튼실한 우정과 신뢰의 깊이를 나타낸다. "국수를 두 그릇 앞에 두고" 서로 친구를 기다리는 단순한 풍경이 잔잔한 감동을 전해 주는 것은 어떤 꾸밈이나 가식도 없는 질박함 그 자체에서 연원한다. 안상학은 어떤 미적 장식이나 수사도 없이 어진 사람의 인간미를 진솔하게 그려내고 있는 것이다.

공자는 『논어』에서 "교언영색 선의인"(巧言令色 鮮矣仁)이라고 설파한다. 말 잘하고 표정을 꾸미는 사람치고 인(仁)한 이가 드물다는 것이다. 안상학의 이번 시집 『아배 생각』의 특징적인 창작 방법론은 꾸밈없이 순정한 질박의 미의식을 통해 어진 인(仁)의 덕성을 노래하는 데에서 찾아진다. 그렇다면, 그의 이러한 시적 특성이 형성된 주된 배경은 어디에 있을까? 그것은 안상학의 시적 삶의 환경과 깊이 연루되는 것으로 파악된다. 다음 시편은 이러한 문면에서 더욱 깊은 주목을 요구한다.

안동으로 드나드는 천변 주막거리 외따로
기느리댁 사랑채 사랑어른은 품이 깊기로 유별났다는데
등짐장수들 고개 넘다 산도적 만나 다 털리고 한뎃잠 자면
일일이 불러다가 깡조밥에 물 한 사발

새우잠이라도 재워서 보냈다 한다

여름 겨울 익사사고 많이 나는
이무기가 살아도 떼로 산다는 선어대소가
천변 주막거리 어느 집보다 가까운 기느리댁 사랑채
물에 빠져 장승같이 굳은 사람 우선 누이고
때로는 염을 하고 때로는 되살리곤 하였다는데

얼음이 바닥까지 얼었으리라는
그 어느 쩡쩡한 겨울에는
나무꾼이 한 짐 지게 밀고 건너다
얼음구멍에 빠져 무명천 엮어 어찌어찌 건져내어
윗목에 누이고 몸을 녹이는데
　동네 남정네도 지나던 등짐장수도 차례차례 들어가 옷을 벗고 품는 중에도 사랑어른 일곱 살 난 딸내미 자야는 기느리댁 뒤에 숨어 왜 따뜻한 아랫목에 누이지 않느냐고 어찌 군불 더 넣지 않느냐고 자꾸만 제 어미 치맛자락을 당기며 글썽이는 눈을 맞추었다 한다
―「기느리댁 사랑채」 전문

　시적 배경은 경북 안동의 어느 "천변 주막거리" 외딴 집, "기느리댁"이다. "기느리댁 사랑채 사랑어른"은 어려운 사

람들을 지극정성으로 동정하고 보살피는 사람으로 알려져 있다. 그의 사랑채는 "산도적 만나 다 털"린 사람, "얼음 구멍에 빠"진 나무꾼 등을 돌보는 곳이기도 한다. 이야기 형식으로 전개되는 이 시의 씨눈은 "기느리댁"의 "일곱 살 난 딸내미 자야"의 마음씨이다. 어린 아이가 "얼음 구멍"에서 건져낸 나무꾼을 "아랫목에 누이지 않"고 "군불 더 넣지 않느냐고 자꾸만 제 어미 치맛자락을 당기며 글썽이는 눈을 맞추"는 대목은 측은지심(惻隱之心)을 지닌 인간의 착한 본성을 명징하게 환기시킨다.

또 하나 이 시에서 눈길을 끄는 것은 "얼음구멍"에서 건져 올린 나무꾼의 몸을 녹이기 위해 "옷을 벗고 품"는 "동네 남정네"들과 "지나던 등짐장수" 등의 지극한 동정심이다. 마을 사람들이 모두 인(仁)에 근간을 두는 측은지심의 실천 주체들이다. 개인주의와 이기주의가 지배하는 오늘날의 세태에서 마을 사람들의 생활 속에 배어 있는 다른 사람의 고통과 슬픔을 동정하고 자신의 일처럼 보살피는 이타적 세계관은 깊은 감화를 준다.

이러한 정황은 공자가 『논어』에서 설파한 "里仁爲美 擇不處仁 焉得知"(이인위미 택불처인 언득지 : 거처하는 동네가 인한 것이 아름답다. 거처를 구함에 있어서 인한 곳을 택하지 않으면 지혜롭지 못하다)의 이치를 환기시킨다. 공자는 사는 동리를 선택하는 데 있어서 인한 동리에 사는 것을 우선으로 삼아야 한다고 강조했던 것이다. 이렇게 보면, 위의 시편에서 "안동으로 드나드는 천변" 마을은 이인위미(里仁爲美)의 현장이라고 말해 볼 수 있다. 인(仁)함 속에서 살고 인함 속에서 편안함을 느끼는 마을 사람들의 삶의 풍경이 이야기 형식을 통해 진솔하게 전달되고 있다.

한편, 다음 시편은 마을 사람들의 순박한 생명에 대한 외경과 보살핌의 덕목을 또 다른 각도에서 흥미롭게 보여주고 있어서 눈길을 끈다.

> 철도 들기 전 어느 늦봄 다랑논
> 아배는 모를 심으며
> 막판 힘에 부쳐 끙끙댔던가
> 나란히 모를 꽂던 반장댁 할매 옳다구나 싶어
> 쫘악하니 허리 퉁겨 젖히며
> ― 아, 여보소, 무신 큰 심 쓴다꼬 그클 끙끙대긴 끙끙대노
> 그 말 날름 받아든 아배 짐짓 낮고 다급한 목소리로
> ― 어허, 아 깬다마는
> 그 말 떨어지기 무섭게 두레꾼들
> 한바탕 배를 잡고 웃었다
> 못줄 잡고 마주 앉은 누이와 나는
> 벙벙한 눈만 마주치며 고개를 갸웃거렸다

그 말뜻 알만한 나이가 되어
약쑥 개쑥 뿌리 뽑으며 끙끙대다 문득 돌아보니
아배 어매는 태연하게도 내외하며 잠든 척하신다
—「한식」전문

 모심기를 하던 어느 봄날, "두레꾼들/ 한바탕 배를 잡고 웃"게 했던 아버지의 농담이 시적 소재가 되고 있다. 사투리로 전개되는 시적 상황을 조금 풀어서 정리하면, 모심기에 지쳐 힘들어하는 아버지를 향해 "반장댁 할매"가 지청구 하듯 농을 건넨다. '무슨 큰 힘 쓴다고 그렇게 끙끙대며 힘들어하는가'. 이에 아버지는 전혀 예상 밖의 응수로 상황을 전환시킨다. "— 어허, 아 깬다마는". 이것은 '아이가 깰지도 모르니 조용하고 삼가 해야 한다'는 의미이다. 몇 단계를 건너뛴 유쾌한 도약이 이루어지고 있다. 온종일 심은 모들이 평안하게 잠든 아기에 비유되고 있는 것이다. "두레꾼들/ 한바탕 배를 잡고 웃"는다. 두레꾼들이 약속이나 한 듯이 일제히 폭소를 터트리는 것은 아버지가 모두의 공통된 내면의식을 유쾌하게 충격했기 때문이다. 농경 공동체 속에서 서로 어우러져 살아온 마을 사람들의 모심기에 대한 공통적인 근원 심상을 보여주는 대목이다. 작은 "모" 하나도 조심스럽게 보살펴야 할 어린 아기와 같은 생명체이다. 작은 대상도 아끼고 보살피고 돌보는 마음으로 살아가는 마을 사람들의 생활 세계가 아버지에 대한 회억 속에 배어나오고 있는 것이다. 앞에서 지적한 이인위미(里仁爲美), 즉 인의 마을의 아름다움을 다시 한 번 목도할 수 있다.

안상학은 이와 같이 사랑하고 보살피는 정을 가리키는 인(仁)의 정서가 살아 숨 쉬는 마을 속에서 스스로 그러한 덕성을 생활감각으로 내면화하여 자신의 독특한 화법으로 노래하고 있는 것이다. 특히 이번 시집에서는 위의 시편의 경우처럼 "아배"에 대한 간곡한 그리움이 집중적으로 드러난다. 돌아가신 아버지가 아들에게는 누구보다 애잔한 연민의 대상으로 다가온다.

뻔질나게 돌아다니며
외박을 밥 먹듯 하던 젊은 날
어쩌다 집에 가면
씻어도 씻어도 가시지 않는 아배 발고랑내 나는 밥상머리에 앉아
저녁을 먹는 중에도 아배는 아무렇지 않다는 듯
— 니, 오늘 외박하냐?
— 아뇨, 올은 집에서 잘 건데요.
— 그케, 니가 집에서 자는 게 외박 아이라?

집을 자주 비우던 내가
어느 노을 좋은 저녁에 또 집을 나서자
퇴근길에 마주친 아배는
자전거를 한 발로 받쳐 선 채 짐짓 아무렇지도 않다는 듯
— 야야, 어디 가노?
— 예……. 바람 좀 쐬려고요.
— 왜, 집에는 바람이 안 불다?

그런 아배도 오래 전에 집을 나서 저기 가신 뒤로는 감감 무소식이다.

— 「아배 생각」 전문

화자와 아버지의 대화에 반어와 언어유희가 무르녹아 있다. 안동 지역의 토속적인 사투리의 직접적인 나열은 구체적인 삶의 현장성을 배가시키고 있다. 집에서 자는 것을 "외박"으로 표현하여 아들의 잦은 외박을 해학적으로 꾸짖고, "바람"의 동음이의어를 곡예 하듯 즐기는 모습을 보여준다. 그러나 이처럼 웃음을 유발시키는 해학적 분위기는 마지막 연에 이르러 슬픔과 그리움의 정서를 더욱 극적으로 심화시키는 역할을 수행한다. 아버지의 목소리가 살갑기 보다는 투박하고 무뚝뚝했기에 막상 "감감 무소식이" 되면서 더욱 큰 격절감을 불러일으킨다. 아들을 향한 아버지의 화법이 그리 다

정다감하지는 않지만 그러나 거기에는 무한한 사랑이 배어 있는 것처럼, 아들의 아버지에 대한 회억도 그리 곰살궂지는 않지만 그러나 거기에는 무한한 그리움이 가슴 뭉클하게 배어 있다.

한편, 안상학이 이처럼 아버지를 그리워하는 것은 아버지에 대한 동정과 함께 자신의 삶을 통한 체험적 동질성을 바탕으로 한다.

> 공중전화 부스에서 딸에게 전화 걸다
> 문득 갈라진 시멘트 담벼락 틈바구니서 자란
> 도라지꽃 보았네 남보랏빛이었네
> 무언가 울컥, 전화를 끊었네
>
> 딸아
> 네 아버지의 아버지도
> 환하지만 아주 환하지는 않은 저 남보랏빛 꽃처럼
> 땅 한 평, 집 한 칸 없이 저리 살다 가셨지
>
> 지금 나도 저렇게 그렇게 살아가고 있겠지
> 환하지만 아주 환하지는 않은 얼굴로
> 아주 좁지만 꽉 찬 신발에 발을 묻고 걸어가고 있겠지
> 도라지의 저 거대한 시멘트 신발 같은 걸 이끌고

네 아버지의 아버지처럼

환한 딸아 지금 내가 네 발밑을 걱정하듯
네 아버지의 아버지도 내 발 밑을 걱정하셨겠지
필시, 지금 막 도라지꽃 한 망울 터지려 하고 있다
　　　　　　　　　　　　　　—「도라지꽃 신발」 부분

　시적 화자가 "딸"과 전화를 하다 문득 바라본 "도라지꽃"이 1연에서는 아버지의 이미지로 2연에서는 "지금 나"의 이미지로 전이되고 있다. "시멘트 담벼락 틈바구니서 자란" 도라지꽃의 척박한 상황이 바로 가난하고 처연하게 살았던 아버지의 삶을 연상시킨 것이다. "땅 한 평, 집 한 칸 없이" 사셨던 화자의 아버지와 "시멘트 담벼락"에 의지해 사는 "도라지꽃"이 상동관계를 이루고 있다. 그리고 "지금 나도 저렇게 그렇게 살아가"는 형편으로서 신산스러웠던 아버지의 삶과 유사하다. 물론 여기에서 "시멘트 담벼락"의 척박한 환경은 아버지대로부터 내려오는 가난의 유산만을 가리키지는 않는다. 아버지가 걱정했던 나의 "발밑"과 지금 내가 걱정하는 딸의 "발밑"은 "시멘트 담벼락"처럼 결코 호락호락 하지 않은 세상사를 가리키기도 한다. 이렇게 보면, 시적 화자는 스스로 세상사를 경험하고 자식을 키우면서 더욱 깊이 아버지에 대한 애틋한 그리움을 지니게 된 것으로 보인다.

이번 시집에서 아버지가 중심 소재로 등장하는 「아버지의 검지」, 「아버지의 감나무 이야기」 등의 작품 역시 아버지에 대한 곡진한 그리움과 연민을 노래하고 있다. 일반적으로 돌아가신 아버지를 소재로 하는 시편들이 보여주는 존경과 추모의 양상이 아니라 측은한 동정과 혈연의 정이 주조를 이룬다.

한편, 이번 시집에서는 간절한 측은지심(惻隱之心)의 대상으로 아버지뿐만이 아니라 어머니와 누이동생의 죽음도 등장한다.

어머니 잃고 시를 얻었다
화살 하나 심장에 꽂은 채
삼십 년을 아무렇지도 않은 듯 걸어왔다
종종 시만 조금 아픈 듯 힘겨워 했다

누이동생 앞세우고는 그런 시도 잃었다
심장에 불화살 꽂은 채
한 삼십 년은 또 너끈히 걸어갈 테지만
더 아픈 시는 없을 것 같다

사진 속 멀쩡한 누이처럼
무통분만의 시만 남아 이렇듯 서러울 것이다

―「망매가」 전문

 화자는 이미 "삼십 년" 전에 어머니를 잃었고 누이동생마저 "암"(「아버지의 감나무 이야기」)에 잃고 말았다. 어머니가 돌아가신 이후 "아무렇지도 않은 듯 걸어왔"듯이 누이동생이 죽은 이후에도 역시 "한 삼십 년은" "너끈히 걸어갈" 것이다. 그러나 어머니가 돌아가신 이후 "조금 아픈 듯 힘겨워" 하던 "시"가 누이동생의 죽음 이후부터는 분명 "더 아픈 시는 없을 것 같"다. 외적으로 의연한 모습을 견지할지라도 속내는 견딜 수 없는 슬픔에 흠뻑 젖어 있는 상황이다. 시적 화자는 이처럼 부모와 형제의 임종을 지켜보아야 하는 감당하기 어려운 슬픔을 겪어야 했던 것이다. 그래서 그의 시적 삶의 이면에는 하염없이 슬픈 그늘이 진하게 드리워져 있다.
 또한, 위의 시편을 통해 볼 때 이번 시집이 우리 시사의 대부분의 경우처럼 어머니 지향성이 아니라, 제목 『아배 생각』에서도 드러나듯, 아버지가 시적 소재의 중심에 놓이게 된 이유를 짐작할 수 있다. 어머니는 이미 "삼십 년" 전, 시인의 청소년기에 세상을 떠나고 말았던 까닭에 아득한 원경을 차지하고 있기 때문이다.
 한편, 이와 같은 안상학의 남다른 가족사적 슬픔에서 발원된 동정과 측은지심의 정서는 가족사의 울타리 내부에서만 그치는 것이 아니라 범문단적으로 확장되어 나타나기도 한다.

누구라도 이젠
밤늦게 전화해도 반갑게 받자고
차비 만 원 달래면 웃전까지 얹어 주자고
천 리고 만 리고 택시 타고 달려오면
택시비에 술값까지 마련해서 버선발로 마중가자고
마음먹기도 전에 박찬 시인이 갔다.
그래, 이젠 정말 어느 누구라도
살아 있을 때 잘해 주자고
술 한 잔 더 하자 하면 흔쾌히
앞장서서 이차고 삼차고 가자고
전화 오기 전에 먼저 전화 하자고, 암, 그러자고
마음 단단히 먹기도 전에
─「박영근 이후」 부분

가난한 노동자 시인 박영근이 죽자 시적 화자를 비롯한 주변 사람들은 누구라도 생전의 박영근처럼 "밤늦게 전화해도 반갑게 받"고 "차비 만 원 달래면 웃전까지 얹어 주자고" 다짐한다. 그러나 세월은 야속하게도 주변의 가까운 사람들을 쉬임 없이 돌아올 수 없는 먼 곳으로 데려간다. 박찬 시인도 별안간 죽음을 맞이한다. "이젠 누구라도 살아 있을 때 잘해 주자"고 결의한다. 이것은 물론 문단의 울타리를 넘어 죽음을 앞둔 유한자로서의 우리 인간 모두에게 적용되는 서로간의 예의이며 동정이며 사랑이다.

  이렇게 보면, 안상학의 이번 시집 『아배 생각』은 인간 삶의 원상과 그 예의를 특유의 순백한 화법을 통해 그려 보이고 있는 것으로 보인다. 아버지에 대한 불화, 갈등, 부정, 전복 등의 정서들이 다채로운 이미지를 통해 변주되고 확산되는 근자의 시적 유행과 달리, "아배"에 대한 동정과 그리움을 노래하는 그의 시편들은 분명 너무도 낯익고 평이한 고전적 정전처럼 느껴지는 것이 사실이다. 그러나 이점이 또한 독자들을 가장 친숙하고 평안하게 하는 영원한 가치의 구현 양식이기도 하다. 노자가 『도덕경』에서 어수룩하게 다스리면 백성이 순해진다고 (其政悶悶 其政淳淳)강조한 바처럼, 우리는 안상학의 꾸밈없이 순정한 시적 미감을 따라가면 어느새 스스로 순해지고 편안해지는 것을 느끼게 된다. 유가의 전통을 호흡하며 살아온 안동의 시인 안상학이 스스로 신산고초의 세월을 겪으면서 도달한 질박의 시학의 한 경지이다.

애 지 시 선

002	붉디 붉은 호랑이	장석주 시집
003	붉은 사하라	김수우 시집
004	자전거 도둑	신현정 시집
005	정비공장 장미꽃	엄재국 시집
006	기차를 놓치다	손세실리아 시집
007	바람의 목례	김수열 시집
008	그리운 연어	박이화 시집
009	뜨거운 발	함순례 시집
010	정오의 순례	이기철 시집
011	그 남자의 손	정낙추 시집
012	즐거운 세탁	박영희 시집
013	구룡포로 간다	권선희 시집
014	좋은 날에 우는 사람	조재도 시집
015	여수의 잠	김열 시집
016	축제	김해자 시집
017	뜻밖에	박제영 시집
018	꽃들이 딸꾹	신정민 시집
019	안개부족	박미라 시집
020	아배 생각	안상학 시집
021	검은 꽃밭	윤은경 시집
022	숲에 들다	박두규 시집
023	물가죽 북	문신 시집
024	마늘 촛불	복효근 시집
025	어처구니 사랑	조동례 시집
026	소주 한 잔	차승호 시집
027	기찬 날	표성배 시집
028	물집	정군칠 시집
029	간절한 문장	서영식 시집
030	고장 난 아침	박남희 시집
031	하루만 더	고증식 시집
032	몸꽃	이종암 시집
033	허공에 지은 집	권정우 시집
034	수작	김나영 시집
035	나는 열 개의 눈동자를 가졌다	손병걸 시집
036	별을 의심하다	오인태 시집
037	생강 발가락	권덕하 시집
038	피의 고현학	이민호 시집
039	사람의 무늬	박일만 시집
040	기울어짐에 대하여	문숙 시집